Karin Hohmann

Merkwissen kompakt: Deutsch & Mathematik

Praktische Merkblätter für Klassenraum und Schülerhand

Inhalt

Deutsch

Mathematik

Satzanfänge für eine Geschichte

Am Anfang ...

Dann ...

Nun ...

Jetzt ...

Bald ...

Später ...

Irgendwann ...

© Persen Verlag

Satzanfänge für eine Geschichte

Als …

Zuerst …

Kurz darauf …

Anschließend …

Danach …

Sofort …

Auf einmal …

© Persen Verlag

Satzanfänge für eine Geschichte

Eines Tages ...

Plötzlich ...

Gleich ...

Schließlich ...

Zuletzt ...

Als Letztes ...

Am Ende ...

© Persen Verlag

Wortfeld – gehen

rennen

flitzen

humpeln

joggen

laufen

trampeln

hüpfen

Wortfeld – gehen

hinken

stampfen

schleichen

krabbeln

marschieren

schlendern

trödeln

© Persen Verlag

Wortfeld – sprechen

sagen

fragen

antworten

erzählen

jammern

schimpfen

meckern

schreien

© Persen Verlag

Wortfeld – sprechen

flüstern

weinen

fordern

behaupten

berichten

stottern

rufen

erklären

© Persen Verlag

Ein **Nomen** (Namenwort)

bezeichnet

Dinge und **Lebewesen.**

Oft kann man diese sehen oder anfassen.

ein Haus – der Stuhl – das Buch –

die Katze – die Maus – ein Junge

Karin Hohmann: Merkwissen kompakt: Deutsch & Mathematik
© Persen Verlag

Ein **Nomen** (Namenwort)

bezeichnet auch

Gefühle, Ereignisse

und Dinge,

die keiner sehen oder anfassen kann:

die Angst – die Freude – der Wind – die Kälte
ein Sommer – die Luft – die Wut – eine Nacht

© Persen Verlag

Das **Nomen** (Namenwort)

hat

einen **großen** Anfangsbuchstaben

und zwei Artikel (Begleiter)

der – die – das – ein – eine

der Hund – die Katze – das Kind

ein Hund – eine Katze – ein Kind

© Persen Verlag

4

Das **Nomen** (Namenwort)

gibt es meistens

in der Einzahl (Singular)

und

in der Mehrzahl (Plural).

der Hund – viele Hunde / die Hunde

eine Katze – viele Katzen / die Katzen

Das **Nomen** (Namenwort)

kann in den 4 Fällen stehen:

1. Fall:	**Wer oder was?**	Nominativ
2. Fall:	**Wessen?**	Genitiv
3. Fall:	**Wem?**	Dativ
4. Fall:	**Wen oder was?**	Akkusativ

© Persen Verlag

1. Fall – Nominativ

Frage: **Wer** oder was?

Der Hund läuft durch den Wald.

Wer läuft durch den **Wald?**

der Hund

© Persen Verlag

2. Fall – Genitiv

Frage: **Wessen?**

Vor der Tür steht Opas Auto.

Wessen Auto steht vor der Tür?

Opas

© Persen Verlag

3. Fall – Dativ

Frage: **Wem?**

Das Buch gehört meiner Schwester.

Wem gehört das Buch?

meiner Schwester

© Persen Verlag

4. Fall – Akkusativ

Frage: **Wen oder was?**

Heute kaufe ich ein großes Eis.

Wen oder was kaufe ich heute?

ein großes Eis

© Persen Verlag

Satzglieder: Umstellprobe

In der Schule **malen wir** heute ein Bild.

Wir malen heute *in der Schule* ein Bild.

Heute **malen wir** ein Bild *in der Schule*.

Ein Bild **malen wir** heute *in der Schule*.

Ein Bild **malen wir** *in der Schule* heute.

© Persen Verlag

Subjekt

Es sagt, **wer** oder **was** etwas tut.

Frage: **Wer?** oder **Was?**

Die Kinder lesen.

Wer liest? <u>die Kinder</u>

Das Buch ist neu.

Was ist neu? <u>das Buch</u>

© Persen Verlag

Prädikat

Es sagt, was getan wird oder geschieht.

Es ist immer ein Tuwort (Verb).

Es kann aus mehreren Teilen bestehen.

Die Kinder schreiben.

Ein Kind verschreibt sich.

© Persen Verlag

Adjektiv (Wiewort)

Es beschreibt <u>wie</u> Dinge sind:

groß, klein, schnell, langsam,
flink, nett …

© Persen Verlag

Adjektiv (Wiewort)

Es lässt sich in <u>drei Stufen</u> steigern:

Grundstufe: **schön**

Vergleichsstufe: **schöner**

Höchststufe: **am schönsten**

© Persen Verlag

Verb (Tuwort)

Es gibt an,
was jemand oder etwas tut.

Grundform: rufen – gehen – malen – fragen

Personalform: ich rufe – du gehst – er malt

© Persen Verlag

Das **Verb** (Tuwort)

hat für jede Person eine bestimmte Form, die **Personalform**.

Einzahl (Singular)	Mehrzahl (Plural)
 1. Person: ich male	 1. Person: wir malen
 2. Person: du malst	 2. Person: ihr malt
 3. Person: er/sie/es malt	 3. Person: sie malen

© Persen Verlag

Das **Verb** (Tuwort)

ist auch ein

Zeitwort.

Es gibt an, zu welcher Zeit etwas geschieht:

Vergangenheit: er malte, er hat gemalt
Gegenwart: er malt
Zukunft: er wird malen

© Persen Verlag

Zeitformen von Verben

Präsens: ich male, ich laufe

Präteritum: ich malte, ich lief

Perfekt: ich habe gemalt,
ich bin gelaufen

Futur I: ich werde malen
ich werde laufen

© Persen Verlag

Satzzeichen

.	!	?
Punkt	Ausrufezeichen	Fragezeichen

Aussagesatz  Die Sonne scheint.

Fragesatz  Scheint die Sonne?

Ausrufesatz  Wie schön!

Karin Hohmann: Merkwissen kompakt: Deutsch & Mathematik
© Persen Verlag

Satzzeichen

,

Komma

Es trennt Wörter bei Aufzählungen:

Er kauft Brot, Butter, Käse, Wurst, Obst, Gemüse, Saft und Milch.

Satzzeichen

Das Komma steht zwischen

Haupt- und Nebensatz,

die durch Wörter wie

weil, denn, als, wenn … verbunden sind.

Ich lese, **weil** es Spaß macht.
Ich beeile mich, **denn** es ist schon spät.
Als ich in die Schule kam, klingelte es.
Wenn du mir hilfst, geht alles viel schneller.

Karin Hohmann: Merkwissen kompakt: Deutsch & Mathematik
© Persen Verlag

Zeichensetzung bei der wörtlichen Rede

Susi berichtet: „***Oma kommt zu Besuch.***“

„***Oma kommt zu Besuch***“, erzählt Susi.

„***Oma***“, erklärt Susi, „***kommt zu Besuch.***“

„**Wer kommt zu Besuch?**“, fragt Jonas.

„***Der Besuch ist da!***“, ruft Tina.

© Persen Verlag

Der **Artikel**

steht vor Nomen
und hat ein Geschlecht.

männlich: der / ein

der Hund / ein Hund

weiblich: die / eine

die Katze / eine Katze

sächlich: das / ein

das Auto / ein Auto

© Persen Verlag

Das **Pronomen** (Fürwort)

ich – du – er – sie – es –
wir – ihr – sie

steht für Nomen.

Pronomen stehen auch vor Nomen:

mein Buch, **dein** Rad, **sein** Ball,
unser Opa, **euer** Hund, **ihre** Oma

© Persen Verlag

Die **Präpositionen**

heißen auch *Verhältniswörter.*

in – unter – auf – neben –
bei – an – am – hinter –
über – vor – durch – gegen –
mit – für – …

in der Schule, **bei** Freunden, **vor** der Tür,
hinter dem Baum, **am** Fenster …

© Persen Verlag

Die **Konjunktionen**

heißen auch *Bindewörter*.
Sie verbinden Wörter und Sätze.

und – oder – denn – als – wenn – weil – obwohl – sondern – dass – falls …

Ich kaufe Brot **und** Käse.
Ich trinke Saft **oder** Selter.
Ich habe einen Schirm, **falls** es regnet.

© Persen Verlag

Merke:

Schreibe <u>alle Wörter</u> am

Satzanfang groß!

Schreibe <u>im Satz</u> immer nur

Namenwörter groß!

Setze **Satzzeichen** . ? !

© Persen Verlag

①

Richtig schreiben

Nach **l**, **n**, **r** das merke ja, steht nie **tz** und nie **ck**.

der Pe**lz** – der Kra**nz** – der A**rzt**

me**lk**en – de**nk**en – sta**rk**

© Persen Verlag

Verlängere das Wort und du hörst es sofort!

d oder **t**? **g** oder **k**? **b** oder **p**?

der Hun**d** – die Hun**d**e	der Hu**t** - die Hü**t**e
die Ban**k** – die Bän**k**e	der Ta**g** – die Ta**g**e
der Kor**b** – die Kör**b**e	er hu**p**t – hu**p**en

© Persen Verlag

Ein verwandtes Wort hilft dir sofort!

ä oder **e**?

die H**ä**nde – die H**a**nd

die H**äu**ser – das H**au**s

äu oder **eu**?

die B**ä**nder – das B**a**nd

die M**äu**se – die M**au**s

aber: die F**e**lle – das F**e**ll

die B**eu**len – die B**eu**le

© Persen Verlag

Sp/sp

Du hörst: schb/schp
Du schreibst: **Sp/sp**

das **Sp**iel – der **Sp**aß – der **Sp**atz
sparen – **sp**itz – **sp**ringen

© Persen Verlag

St/st

Du hörst: scht/schd
Du schreibst: **St/st**

der **St**uhl – der **St**ab – die **St**raße
staunen – **st**eil – **st**ehen

© Persen Verlag

Lernwörter mit ih

ihm – ihn – ihnen –

ihr – ihre – ihren –

ihrem – ihrer – ihres

© Persen Verlag

Zehnerpartner

© Persen Verlag

Zehnerpartner

© Persen Verlag

Addition

Plusaufgabe

addieren

Summand + Summand = Summe

324 + 212 = 536

© Persen Verlag

Subtraktion

Minusaufgabe

subtrahieren

Minuend – Subtrahend = Differenz

586 – 321 = 265

© Persen Verlag

Multiplikation

Malaufgabe

multiplizieren

Faktor · Faktor = Produkt

$12 \cdot 10 = 120$

© Persen Verlag

Division

Geteiltaufgabe

dividieren

Dividend : Divisor = Quotient

48 : 8 = 6

© Persen Verlag

Addieren

+ rechnen

mehr werden

dazu kommen

bekommen

verdienen

insgesamt

zusammen

© Persen Verlag

Subtrahieren

– rechnen

weg gehen

abgeben

kaputt gehen

ausgeben

verlieren

weniger werden

© Persen Verlag

Multiplizieren

• rechnen

vermehren

vervielfachen

mehrmals

zwei Mal

drei Mal

...Mal

© Persen Verlag

Dividieren

: rechnen

verteilen

aufteilen

einteilen

gerecht teilen

austeilen

gleich viel

© Persen Verlag

Auf- und Abrunden

Bis **4** wird **ab**gerundet,
ab **5** wird **auf**gerundet!

Runden zum nächsten Zehner

341 ≈ 440

576 ≈ 580

713 ≈ 710

Runden zum nächsten Hunderter

628 ≈ 600

456 ≈ 500

249 ≈ 200

© Persen Verlag

475

Vorgänger	Nachfolger
474	476

Nachbar-Zehner

470 480

Nachbar-Hunderter

400 500

© Persen Verlag

Flächen

Quadrat

Rechteck

Kreis

Dreieck

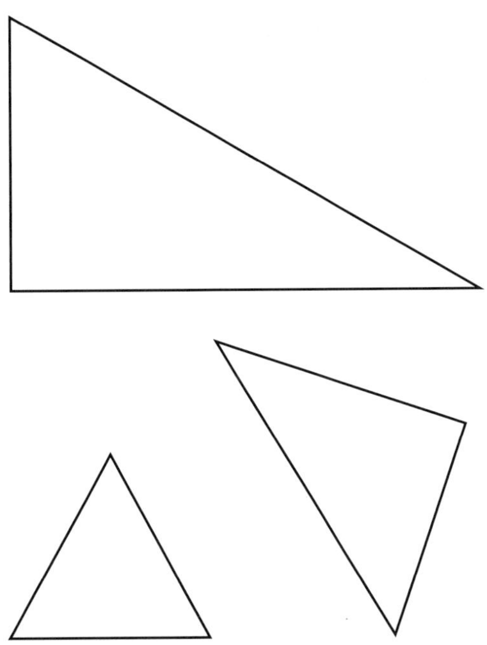

Körper

Würfel

Quader

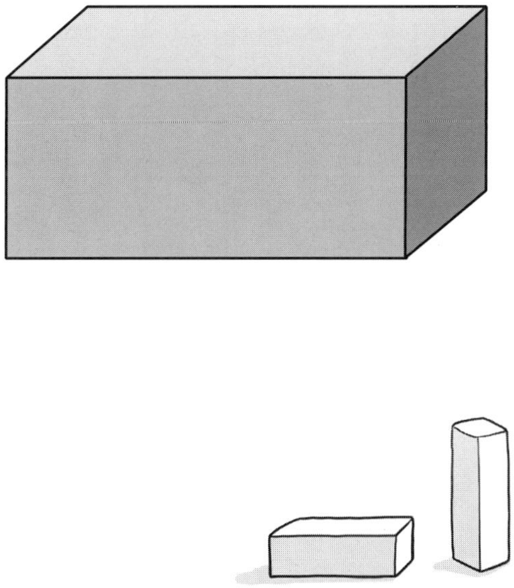

Kugel

Pyramide

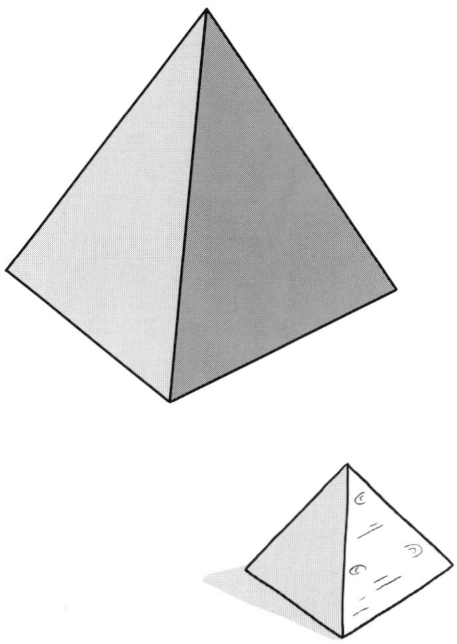

© Persen Verlag

Körper

Zylinder

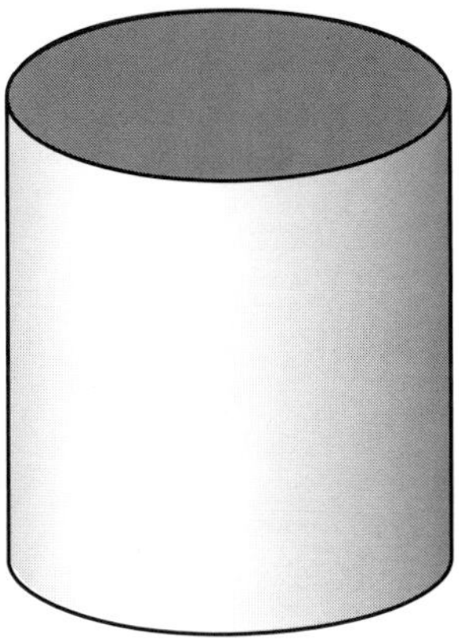

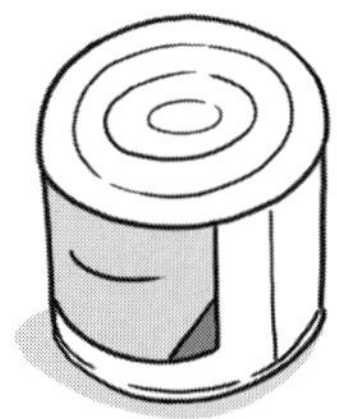

Kegel

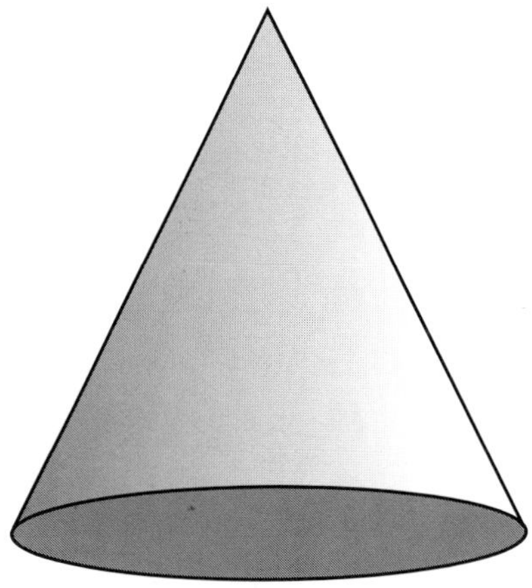

Prisma

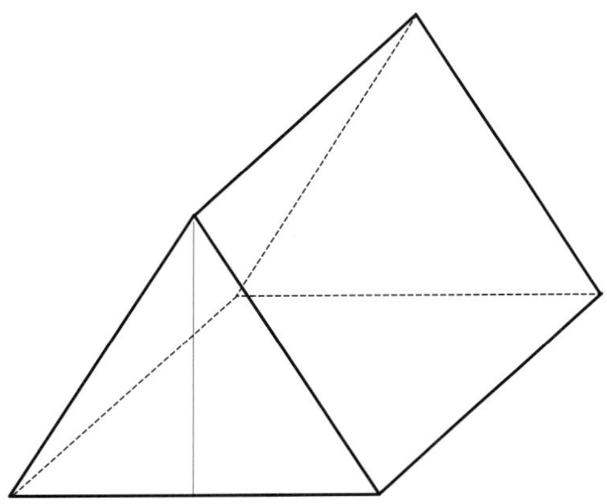

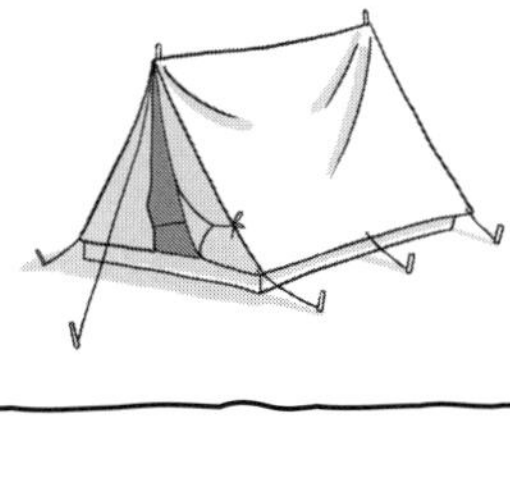

© Persen Verlag

Poster für Ihren Klassenraum!

Ellen Kraft

Bergedorfer Lernposter Deutsch

Jeweils 6 Poster für den Klassenraum – 1./2. Klasse, 3./4. Klasse

Eine Übersicht über die Verwendung von Satzzeichen oder eine Anleitung zum Aufbau einer Geschichte – das alles und weitere Übersichten müssen Sie in Zukunft nicht mehr selbst basteln. Die pfiffig illustrierten Poster liefern zusammengefasstes Merkwissen für den Deutschunterricht – ganz gleich, ob die Kinder im Unterricht den Schreibablauf eines Buchstabens oder die Merkmale der Wortarten nachschauen möchten – mit einem Blick aufs Poster ist alles einfach und klar!

Schluss mit dem Poster-Basteln!

Lernposter Deutsch 1./2. Klasse

- Druckbuchstaben und Ziffern schreiben
- Nomen, Verben und Adjektive
- Richtig abschreiben

6 Poster, DIN A1, farbig
1. und 2. Klasse
Best.-Nr. 3047

Lernposter Deutsch 3./4. Klasse

- Nomen, Verben und Adjektive (erweitert)
- Satzzeichen
- Aufbau einer Geschichte

6 Poster, DIN A1, farbig
3. und 4. Klasse
Best.-Nr. 3048

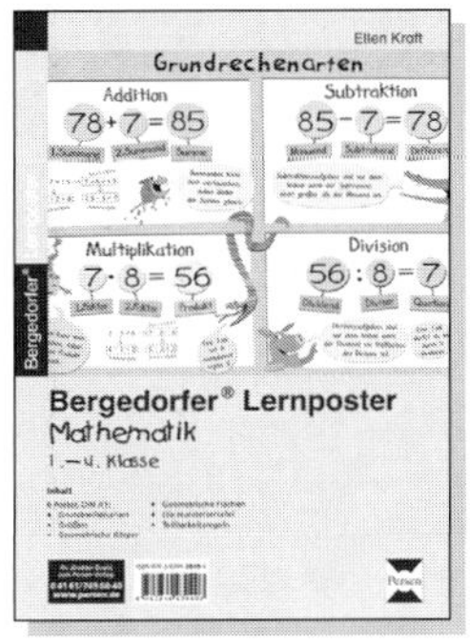

Ellen Kraft

Bergedorfer Lernposter Mathematik

6 Poster für den Klassenraum

Die Größen der Länge und des Gewichts, geometrische Flächen und Körper oder die Hundertertafel – das Poster-Paket liefert das Basiswissen für den Mathematikunterricht in übersichtlichen grafischen Darstellungen mit kurzen Erläuterungen. Ob als anschauliche Hilfe bei der Erarbeitung mathematischer Sachverhalte oder als ständige Merkhilfe im Klassenzimmer: Mit einem Blick aufs Poster ist alles (wieder) einfach und klar!

Aus dem Inhalt: Grundrechenarten, Größen, Geometrische Körper, Geometrische Flächen, Die Hundertertafel, Teilbarkeitsregeln

Schluss mit dem Poster-Basteln!

6 Poster, DIN A1, farbig
1. bis 4. Klasse
Best.-Nr. 3049

Marion Schwarz

Lernposter Musik

6 Poster für den Klassenraum

Große Lernposter sind auch im Musikunterricht eine wichtige Erinnerungs- und Merkhilfe, die im Nu für die richtige Orientierung sorgen. Die sechs pfiffig illustrierten und übersichtlichen Poster zeigen – aufs Wesentliche reduziert – Grundlagenwissen zum Notensystem, zu den Notenwerten und den Taktarten. Die Poster zu den Orchester- und Orff-Instrumenten stellen die verschiedenen Instrumentengruppen vor wie zum Beispiel die Schlag- und Streichinstrumente oder die Rhythmus- und Melodieinstrumente. Ein Poster zu berühmten Komponisten enthält anschauliche Informationen zum musikalischen Märchen „Peter und der Wolf", zur „Zauberflöte", den „Vier Jahreszeiten", dem „Karneval der Tiere" und zu anderen bekannten Werken und ihren Schöpfern.

Schluss mit dem Poster-Basteln.

6 Poster, DIN A1, farbig
1. bis 4. Klasse
Best.-Nr. 23291

Ellen Kraft

Bergedorfer Lernposter Arbeits- und Sozialverhalten

6 Poster für den Klassenraum

Einen Klassen-Geburtstagskalender oder eine Übersicht zu den Klassendiensten – das alles müssen Sie in Zukunft nicht mehr selber basteln. Die pfiffig illustrierten Poster unterstützen das Klassenmanagement. Ganz gleich, ob Sie an die wichtigsten Gesprächsregeln oder an eine Klassenregel erinnern möchten – mit einem Blick aufs Poster ist alles einfach und klar!

Schluss mit dem Poster-Basteln!

6 Poster, DIN A1, farbig
1. bis 4. Klasse
Best.-Nr. 3046

Unser Bestellservice:

Das komplette Verlagsprogramm finden Sie in unserem Online-Shop unter

www.persen.de

Bei Fragen hilft Ihnen unser Kundenservice gerne weiter.

Deutschland: ✆ 040/32 50 83-040 · Schweiz: ✆ 052/366 53 54 · Österreich: ✆ 0 72 30/2 00 11